115

EDICT DV ROY,

PORTANT CREATION

en chacune Election de deux Offices de Cõseillers & Intendans particuliers des deniers communs & d'octroy, des Villes & communautez de ce Royaume, reparations des murs & grands chemins: Et d'vn Conseiller & Intendant general desdits deniers communs & d'octroy à la Court & suitte de sa Majesté, aux honneurs & droicts portez par ledit Edict.

Verifié en la Chambre des Comptes le 30. Decembre 1628. Et Cour des Aydes 1629.

A PARIS,
Par P. METTAYER, A. ESTIENE & C. PREVOST, Imprimeurs & Libraires ordinaires du Roy.

M. DCXXIX.

Auec Priuilege de sa Majesté.

9

LOVIS PAR LA GRACE DE DIEV ROY DE FRANCE ET DE NAVARRE. A tous presens & à venir, Salut. Les demandes qui nous sont faictes de iour à autre, de nouueaux octroys de la continuation, & mesmes de l'augmentation des anciens concedez par nos predecesseurs Roys, à plusieurs Villes & Communautez de ce Royaume : Nous faisant cognoistre que les deniers qui sont prouenus iusques à present desdits anciẽs octroys n'õt esté employez inutilement, & selon la destination d'iceux, ny pareillement les deniers patrimoniaux desdites villes, ausquels ceux desdits octroys ont esté adioustez pour suppleer au manque du fonds qui se trouue lors qu'il conuient faire quelques reparatiõs aux murs, portes ou chemins desdites Villes : Les plaintes aussi que nous receuons de ce que plusieurs Officiers des Eslections negligent le deuoir de leurs charges, laissent les chemins des bourgs & villages de leur ressort sans estre reparez, où bien s'ils les font reparer, ils constituent nos pauures subiects en de si grands frais & despences qu'ils surpassent le prix desdits ouurages : d'ailleurs lors qu'il conuient faire des baux aux rabais pour les reparations des grands chemins, pôts & passages en des lieux esloignez des Bureaux de nos Finances, les Massons & autres ouuriers desdits lieux qui les pourroient faire à bon prix, n'osent se transporter esdits Bureaux pour les grands frais & perte de leurs iournees qu'ils souffriroient en des voyages si esloignez de leur demeure, & pour l'incertitude d'estre adiudicataires desdits ouurages: tellement que ne pouuant estre adiugez qu'à des massons ouuriers des villes ou lesdits Bureaux sont establis, souuent il suruient des monopoles, & par iceux les ouurages s'adiugent au double prix de leur valeur: Et puis sont baillez par les adiudicataires à d'autres ouuriers desdits lieux qui se contentent de la moitié dudit prix: Enquoy Nous receuons, & le public vn notable dommage & interest, estant aussi impossible aux Tresoriers de Frãce & Generaux de nos Finances, lors qu'ils font leur cheuauchees de voir exactement lesdits degats des chemins Royaux, & les reparations qu'il conuient faire pour le peu de temps qui sejournent en chacune Eslection: Nous auons estimé qu'il seroit tres-vtile à tous nos subiects d'instituer des Officiers qui fussent tenus & obligez de prendre cognoissance de l'employ desdits deniers commis & d'octroy, & de l'estat desdits chemins, ponts, passages, chaussees & autres ouurages publics, des adiudications & reparations desdits ouurages. A CES CAVSES de l'aduis de nostre Conseil où estoient aucuns Princes de nostre Sang, Officiers de nostre Courõne & autres grands personnages d'iceluy, & de nostre certaine science, plaine puissance & authorité Royale, NOVS AVONS par le present Edict perpetuel & irreuocable, creé & erigé, creons & erigeons en chef & tiltre d'office formé, deux nos Conseillers & Intendans particuliers des deniers communs & d'octroy des villes & communauté de nostre Royaume, en l'estendue & ressort de chacune des Eslections d'iceluy, pour y estre des à present par Nous pourueu, & cy-apres lors que vacation y escherra par mort, resignation ou autrement, de personnes capables, pour par les pourueus desdits Offices prendre cognoissance de ce qui prouient & prouiendra cy-apres desdits deniers commun & d'octroy, & de l'employ d'iceux selon la destination qui en est faicte par nos Lettres de concession & confirmation: Et à ceste fin seront present aux baux à ferme qui se feront d'iceux & deliurance des Commisſions pour faire la recepte des droicts qui n'ont accouſtumé de s'affermer, ſoit és Bureaux de nos Finances, Sieges ordinaires de la iuſtice des lieux, Bureaux de nos Eſlections où és Maiſons de ville du reſſort de leurs charges: Et tenir rang & ſceance apres le premier & plus eminent des Officiers deſdits Sieges ordinaires deſdites Eſlections, & deſdites villes. Comme auſsi aux baux aux rabais qui ſe feront pour reparatiõs de murs, portes, ponts, pauez, chemins, paſſages, chauſſees & autres ouurages publicqs, & qui ſe feront en l'eſtenduë de leur reſſort, dont le prix ſe payera deſdits deniers communs ou d'octroy, où par les habitans des villes, bourgs & villages par vne leuée particuliere, & extraordinaire qui ſe fera ſur eux pour le payemẽt deſdits ouurages, comme auſsi ſeront tenus faire leurs cheuauchées en toutes les Villes, bourgs & villages de leur charge vne fois l'année pour viſiter les chemins, chauſſées, ponts & paſſages qu'il conuiendra reparer eſdites villes, bourgs, villages & és enuirons d'iceux, en dreſſer procez verbal, & en faire rapport aux Bureaux ou Sieges qui ont accouſtumé d'en cognoiſtre, pour y eſtre pourueu en leur preſence, & auec leur aduis: Et pour les reparatiõs & conſtructiõs des nouueaux ouurages qui seront à faire és villes clauses, celuy desdits Intendans qui sera en exercice, où qui aura en son departement lesdites villes sera present auec les Officiers du corps d'icelles, s'il y en a, sinõ auec les Iuges ordinaires pour les estimer & proceder à l'adiudication desdits ouurages auec lesdits Officiers de ville ou Iuges ordinaires: Et pour les salaires & vacations desdits Intendans, ils seront payez à raison de huict liures pour chacun iour qu'ils employeront ausdites visitations & adiudications & receptions d'ouurages par les Receueurs des deniers communs desdites villes en leur deliurant leurs procez verbaux, contenant au vray les iournées qu'ils auront employées pour les rapporter à la reddition des Estats & comptes desdits Receueurs, & seruir sur les parties y employées pour lesdits salaires & vacations, Et ne pourront lesdits Officiers de ville, Iuges ordinaires, ou Esleus vaquer ausdites adiudications & receptions d'ouurages, ne Baux à ferme, sans aussi que l'Intendãt en exercice soit present ou deuëment appellé par significatiõ par escrit qu'ils feront faire en son domicile par luy esleu en la ville de l'Eslection, quinze iours auparauant qu'il conuient faire les adiudications &

receptions : Et sera le domicile des Intendans inseré és registres du Greffe desdites Villes & Eslections, Voulons en outre que lesdits Intendans tiennent registre de tous les deniers communs & d'octroy qui se leuent & leueront par chacun an au profit des villes & communautez de nostre Royaume, des lettres esmanées de nous, ou de nos predecesseurs Roys, en vertu desquelles lesdits deniers se prennent & leuẽt sur nos subjects. ET ORDONNONS que toutes les années, & trois mois apres chacune d'icelles expirées les Receueurs des deniers communs rendront compte des deniers d'octroy & leuées extraordinaires, par vn brief estat à celuy des Intendans qui sera sorty de charge, & qu'à la verification de leurs Estats generaux, lesquels ils presenteront de trois ans en trois ans aux Tresoriers de France & Generaux de nos Finances au ressort du Bureau desquels ils exerceront leur charge, & à la reddition de leurs comptes en nos Chambres des Comptes, iceux Estats particuliers seront rapportez, à peine de raddiatiõ des gages, droicts & taxations desdits Receueurs : Et pour les ouurages & reparations qui seront à faire sur les grands chemins Royaux pour lesquels il se faict des le-

uées

nées par chacune année, dont aucunes ſont compriſes en nos Lettres de commiſſion de la grãde Creuë extraordinaire, & les autres ſe font par nos Lettres & Commiſſions particulietes, leſdits Intendans particuliers les viſiteront, feront faire eſtimation en leur preſence des ouurages neceſſaires pour les reparer, & en dreſſeront leurs procez verbaux, & les deuis qu'ils enuoyeront auſdits Treſoriers Generaux de France, afin qu'en faiſant leurs cheuauchées ils recognoiſſent la verité du contenu eſdits procez verbaux, & deuis, & procedent ſur les lieux au bail au rabais deſdits ouurages, l'Intendant particulier preſent ou deuëment appellé : Et d'autant que la plus grande partie des peages qui ont eſté concedez aux Seigneurs des villes, bourgs & villages, leur ont eſté accordez, à la charge d'entretenir bien & deuëment leſdits grands chemins trauerſans leurs terres. NOVS voulons que leſdits Intendans particuliers ayent ſoing que leſdits Seigneurs entretiennent leſdits chemins, s'ils y ſont tenus. Les pourueus deſquels Offices preſentement creez ioüyront des meſmes priuileges, immunitez, franchiſes, libertez, exemptions de toutes tailles, taillon, creuës, & autres leuées & impositions dont iouïssent à present les autres Officiers de nos Eslections, suiuant nos Edicts & Declarations en quelque lieu que lesdits Officiers facent leur residence, mesmes des exemptions de toutes charges personnelles, comme de tutelle, curatelle, commissions, & autres, à cause du soin continuel ou il seront occupez pour le bien du public. Et où il suruiendroit des occasions pour lesquelles ils eussent à estre ouys és Bureaux de nos Finances. NOVS voulons qu'ils y ayent entree & seance apres toutesfois le dernier des Tresoriers de France: En quoy faisant nous voulons aussi qu'en toutes assemblees publiques & particulieres ils precedent tous nos Officiers des sieges Presidiaux, Bailliages, Seneschaussees, Preuostez, Vicomtez, Eslections, Greniers à Sel, & des autres Sieges & Iurisdictions subalternes, reserué les Presidens & Lieutenans Generaux des sieges Presidiaux, Bailliages, & Seneschaussees. Et outre nous auons attribué & attribuons à chacun desdits Offices d'Intendant particulier les gages ordinaires par an contenus & declarez par le menu en l'estat qui en sera arresté en nostre Conseil, & enuoyé en nos Chambres des Comptes dans six mois, Lesquels gages neantmoint ne pourront exceder ensemble la somme de six vingts mil liures par an, le payement desquels gages se fera par les Receueurs de nos Tailles chacun en l'année de son exercice des deniers de leur recepte esgallement par les quatre quartiers de l'année, ainsi que les gages des autres Officiers de nos Eslections, comme charges ordinaires d'icelle. Et à ceste fin sera ledit fonds desdits gages laissé & employé dans les Estats de nos Finances au Chapitre des charges ordinaires de nosdites Eslections, à commencer en l'année prochaine. Et afin que nous ne soyons surpris à l'aduenir és concessions des lettres d'octroy, & confirmation des anciennes, & que nous puissions estre informez, où celuy auquel nous en voudrons donner la charge & pouuoir lors qu'il nous plaira des natures de deniers cōmuns & d'octroy de nosdites villes & communautez de la valeur de l'employ d'iceux, Novs avons par le present Edict du mesme pouuoir & authorité que dessus, creé & erigé, creōs & erigeōs en chef & tiltre d'office formé vn nostre Conseiller & Intendant General des deniers communs & d'octroy des villes & communautez de nostre Royaume pour resider en nostre Cour &

ſuitte, & y eſtre dés à preſent par nous pouru-eu de perſonne capable. Et ſi apres lors que vaccation y eſcherra, le pourueu duquel office ſera informé de temps à autre par leſdits Intendans particuliers des natures deſdits deniers de leur valeur par an, & de l'employ, Et lors que nos ſubjects deſdites villes & communautez deſireront obtenir quelque nouuel octroy, ou leuee extraordinaire ſur eux, ou confirmation de leurs anciens octrois, NOVS voulons qu'ils preſentent leurs lettres & pieces pour leſdittes confirmations audit Intendant General pour les veoir & conſiderer, & s'il les trouue raiſonnables les ſignera en queuë, & pour les nouuelles conceſſions les Requeſtes des villes & communautez nous en ſeront preſentees en noſtre Conſeil, pour y eſtre pourueu en cognoiſſance de cauſe. Et toutesfois auant les preſentations deſdites Lettres & Requeſtes, noſdits ſubiects feront entendre auſdits Intendans particuliers leurs pretentiõs, deſpenſes, & voyages, leſquels informeront ledit Intendant General ſur leurs demandes pour lors que les Deputez ou Procureurs deſdites Villes & Communautez, & les preſenteront eſtre plus certain du merite d'icelles, & que nous n'y ſoyons plus ſurpris, comme nous auons esté par cy deuant. Voulons en outre que si ledit Intendant general desire cognoistre les receptes & despences qui auront esté faictes par les Receueurs des deniers communs & d'octroy desdites villes & communautez, qu'il luy soit loisible de faire compter par estat pardeuãt luy lesdits Receueurs, & que sur les estats qu'il aura verifiez & arrestez les comptes desdits Receueurs soient examinez & clos en nos Chambres des Comptes, sans difficulté. Auquel Office d'Intendant general nous auons attribué & attribuons quatre mil liures de gages par an à prendre par les mains de nos Receueurs Generaux de nos Finances à Paris, des deniers de nostre recepte generale, esgalement par les quatre quartiers de l'année accoustumez, comme charge ordinaire de ladite recepte: Et à ceste fin lesdits gages seront employez d'oresnauant és Estats de nos Finances de ladite Generalité: Tous les pourueus desquels Offices creez par le present Edict seront receus, & presteront serment en nos Chambres des Comptes, soubs le ressort desquels ils sont instituez, & non ailleurs. Prendront neantmoins attache des Tresoriers Generaux de France sur leur lettres de prouision,

& seront icelles registrees au Bureau de l'Eslection de leur restablissement, à quoy ne sera apporté aucune difficulté, apres la reception en nosdites Chãbres, Et pour l'exercice desdites charges d'Intendant particuliers, Nous permettons aux pourueus de les exercer alternatiuemét, ou separer entre eux les Villes & Parroisses de leur ressort, selon qu'ils verront pour le mieux, & mesmes à vne seule personne, de tenir & posseder plusieurs desdits Offices, conioinctement si bon leur semble : Et moyennant l'attribution desdites fonctions & exercice aux pourueus des Offices creées par le present Edict, Nous faisons inhibitions & deffences à tous nos Officiers des Sieges & Iurisdictions susdittes, & tous autres de s'entremettre ny immisser esdites fonctions, exercices, sinon en la forme & maniere cy-dessus declarée, à peine de nullité, & de tous despens dommages & interests des pourueus desdits nouueaux Offices : Nonobstant les attributions qu'ils pretendroient leur en auoir esté faictes par les Edicts de la creatió de leurs Offices, Ordonnances, Arrests & Reglements depuis interuenus, ausquels pour ce regard Nous auons dérogé & dérogons. Et parce qu'il importe au bien de nos affaires & seruice, d'estre promptement secourus des deniers que nous esperons receuoir de l'execution du present Edict, & qu'il nous conuiendra rechercher des personnes qui se chargent du debit dans nos Generalitez desdits Offices: Nous auons permis & permettons aux porteurs des lettres de prouision d'iceux Offices, esquelles les noms & surnoms de l'Officier sera en blanc, de iouyr par leur quittances des gages desdits Offices, & les faire exercer par Commission, iusques à ce qu'ils en ayent disposé. SI DONNONS EN MANDEMENT à nos amez & feaux Conseillers les gens de nos Comptes à Paris & Rouen, Presidens, Tresoriers de France & Generaux de nos Finances des Generalitez du ressort desdites Chambres, que le present Edict ils facent lire, publier & registrer, & du contenu en iceluy iouyr plainement & paisiblement les pourueus desdits Offices, sans y faire aucune difficulté: Nonobstant oppositions ou appellations quelsconques: Pour lesquelles & sans preiudice d'icelles, ne voulons estre differé: Dont si aucunes interuiennent: Nous auons retenu, & à nostre Conseil la cognoissance, & icelle interdicte à tous autres Iuges & Officiers, Nonobstant tous Edicts, Ordonnances, Arrests,

Reglemens au contraire : ausquels & à la dérogatoire des dérogatoires y contenues: Nous auons desrogé & desrogeons par ces presentes : CAR tel est nostre plaisir : Et afin que ce soit chose ferme & stable à tousiours, Nous auons faict mettre & apposer à icelles nostre seel, sauf en autre chose nostre droict, & l'autruy en toutes. DONNÉ à Paris au mois de Decembre, l'an de grace mil six cens vingt huict. Et de nostre regne le dix-neufiesme. Signé, LOVIS. Et plus bas : Par le Roy, DELOMENIE. Et seellé en lacs de soye rouge & verte, de cire verte. Et plus bas :

Leu, publié & registré en la Chambre des Comptes, ouy & ce consentant le Procureur general du Roy, aux charges contenues en l'Arrest de ce iour trentiesme Decembre, mil six cens vingt-huict.

Signé, *BOVRLON.*

Leu, publié & registré, oüy & ce consentant le Procureur General du Roy, & ordonné que le contenu en iceluy, sera gardé & obserué, fors & excepté pour la ville de Paris & l'estenduë du ressort ordinaire d'icelle, & suiuant & aux charges portées par l'Arrest du iourd'huy à Paris en la Cour des Aydes le 3. Feurier 1629.

Signé, *DE LAISTRE.*

EX-

EXTRAICT DES REGIstres de la Chambre des Comptes.

VEV par la Chambre les Lettres patentes du Roy en forme d'Edict, donnees à Paris au present mois de Decembre 1628. signees, LOVIS, & plus bas, Par le Roy, DE LOMENIE, Par lesquelles & pour les causes y contenuës, sa Majesté a creé en chef & tiltre d'Office formé, deux ses Conseillers & Intendans particuliers des deniers communs & d'octroy des villes & communautez de son Royaume, en l'estenduë & ressort de chacune des Elections; Et vn son Conseiller & Intendant general desdits deniers communs & d'octroys desdictes villes & communautez, pour resider à sa Cour & suitte. Le tout aux fonctions, pouuoirs, priuileges, exemptions & gages à plein declarez, specifiez & plus au long portez par lesdites Lettres. Requeste presentée à ladite Chambre par les Preuost des Marchands & Escheuins de ceste ville de Paris, tendante afin d'estre receus opposans à la verification d'icelles. Arrest du vingt-neufiesme de cedit present mois, par lequel ladite Chambre les auroit receus en leur opposition, & ordonné qu'ils en prendroient communication par les mains du rapporteur, pour fournir leurs causes & moyens dans le temps de l'ordonnance. Autres Lettres patentes dudit iour 29. de ce mois, parlesquelles sadite Majesté declare, qu'elle n'entend auoir compris audit Edict, sa bonne ville de Paris, ny l'estenduë & ressort ordinaire d'icelle. Autre requeste presentée par lesdits Preuost des Marchands & Eschcuins, contenant le desistement de leur opposition, signee, Clement. Conclusions du Procureur General du Roy. Et tout consideré : LA CHAMBRE a ordonné & ordonne, que sur le reply dudit Edict, sera mis, leu, publié & registré, oüy & consentant le Procureur General du Roy, pour le contenu en iceluy estre gardé & obserué, fors excepté pour la ville de Paris, & l'estenduë & ressort ordin...re d'icelle, conformement ausdites Lettres de Declaration de sa Majesté : à la charge que les pourueus desdits Offices d'Intendans particuliers & General, ne pourront prendre cognoissance des deniers patrimoniaux des villes, ny s'immiscer à verifier aucuns estats de recepte & depense desdits deniers communs & d'octroy, & en sera vsé comme il a esté fait cy-deuant, & est encores à present. Que les salaires & vacations desdicts Intendans particuliers, seront iugez à la reddition des comptes desdits deniers communs & d'octroy, sur leurs procez verbaux qui y seront rapportez. Que l'estat des six vingts mil liures de gages attribuez à tous lesdits Intendans particuliers, sera apporté & mis au greffe de la Chambre dans trois mois par le Tresorier des parties Casuelles qui aura deliuré ses quittances. Que les porteurs de quittances, & lettres de prouision desdits Offices, les noms en blanc, seront tenus les faire remplir dans vn an pour tous delays, pendant lequel ils iouyront des gages desdits Offices : & que les deniers prouenans d'iceux, seront employez aux vrgens & pressez affaires de la guerre, & non ailleurs, à peine d'en respondre par les ordonnateurs en leurs propres & priuez noms. FAIT les deux Bureaux assemblez le 30. Decembre 1628. Signé, BOVRLON.

DECLARATION DV ROY,

Par laquelle sa Majesté declare n'entendre auoir compris en son Edict de creation desdits Offices d'Intendants, sa ville de Paris & ressort d'icelle.

LOVIS par la grace de Dieu Roy de France & de Nauarre, A tous ceux qui ces presentes Lettres verront, Salut. Encor que nostre Edict du present mois porte creation de deux nos Conseillers & Intendants particuliers des deniers communs & d'octroy, és Villes & Communautez de nostre Royaume en l'estenduë & ressort de chacune Election d'iceluy, sans exception ny reserue; & en outre d'vn Intendant general des deniers communs & d'octroy, pour resider à nostre Cour & suitte, aux honneurs, authoritez, fonctions, prerogatiues, preéminences, gages, priuileges & droicts portez & specifiez par ledit Edict: Neantmoins nostre intention n'ayant esté d'y comprendre nostre bonne ville de Paris; & afin qu'estant cogneuë, nostredit Edict soit au surplus executé, auec la celerité que requiert nostre seruice, & le prompt secours que nous en attendons en l'estat & necessité presente de nos affaires de la guerre; NOVS, de l'aduis de nostre Conseil, & de nostre certaine science, pleine puissance & authorité Royale, Auons declaré & declarons par ces presentes signees de nostre main, n'auoir entendu, comme nous n'entendons, comprédre en ladite creation d'Intendants particuliers, & dudit General des deniers communs & d'octroy, nostre bonne ville de Paris, ny l'estenduë & ressort ordinaire d'icelle, ains entant que besoin seroit, auons exceptez & reseruez, exceptons & reseruons lesdites villes, estenduë & ressort de ladite creation & establissement desdits Offices : Voulans & ordonnans que lesdits deniers communs & d'octroy, y soient regis & administrez ainsi qu'il a esté cy-deuant, & est encores à present pratiqué, sans qu'il puisse estre ores ou à l'aduenir rien innoué, changé ou alteré pour ce regard. SI DONNONS en mandement par ces mesmes presentes, à nos amez & feaux Conseillers les Gens tenans nostre Cour des Aydes à Paris, que cesdites presentes ils facent registrer, garder & obseruer inuiolablement sans aucune contrauention, procedant au surplus à la verification pure & simple de nostredit Edict, & faisant iouyr pleinement & paisiblement les pourueus desdits Offices d'Intendants particuliers, és autres Elections de leur ressort, & ledit General pour resider à nostre Cour & suitte, pleinement & paisiblement, conformement audit Edict, cessans & faisant cesser tous troubles & empeschemens au contraire, nonobstant oppositions ou appellations quelconques: pour lesquelles & sans preiudice d'icelles ne voulons estre differé : dont si aucunes interuiennent, nous auons d'abondant entant que besoin seroit, retenu & reserué, retenons & reseruons la cognoissance en nostredit Conseil, & icelle interdite & defenduë, interdisons & defendons à tous nos Iuges & Officiers, & tous Edicts & Ordonnances, & autres choses à ce contraires : CAR tel est nostre plaisir. En tesmoin dequoy nous auons fait mettre nostre seel à cesdites presentes. DONNÉ à Paris le 29. iour de Decembre, l'an de grace 1628. Et de nostre regne le dix-neufiesme. Signé, LOVIS, & sur le reply, Par le Roy, DE LOMENIE: Et seellé du grand seau de cire iaune sur double queuë. Et encor sur ledit reply est écrit:

Registrees en la Cour des Aydes, ouy & ce consentant le Procureur General du Roy, suiuant & aux charges portees par l'Arrest de ladite Cour du iourd'huy. A Paris le troisiéme iour de Feurier mil six cens vingt-neuf.

Signé, DE LAISTRE.

EXTRAICT DES REGISTRES DE LA COUR DES AYDES.

VEV par la Cour les Lettres patentes du Roy, en forme d'Edict, donnees à Paris au mois de Decembre 1628. Signees, LOVIS. Et plus bas, Par le Roy: DE LOMENIE: & seellees sur double queuë du grand seau de cire verte: Par lesquelles & pour les causes y contenuës, sa Majesté a creé en chef & tiltre d'Office formé, deux ses Conseillers & Intendants particuliers des deniers communs & d'octroy des villes & communautez de son Royaume, en l'estenduë & ressort de chacune des Elections; & vn son Conseiller & Intendant general desdits deniers communs & d'octrois desdites villes & communautez, pour resider à sa Cour & suitte; le tout aux fonctions, pouuoirs, priuileges, exemptions & gages à plein declarez & specifiez suiuant & ainsi que plus au long le contiennent lesdites Lettres: Autres Lettres patentes du 29. dudit mois de Decembre audit an, signees LOVIS, Et plus bas, Par le Roy: DE LOMENIE, & seellees du grand Seau de cire iaune: Par lesquelles sadite Majesté declare qu'elle n'entéd auoir compris audit Edict, sa bonne ville de Paris, ny l'estenduë & ressort ordinaire d'icelle. Requeste presentee par les Preuost des

Marchands & Escheuins de cestedite ville, tendant à ce qu'en procedant à la verification dudit Edict, il pleust à ladite Cour excepter ladite ville de Paris, l'estenduë & ressort ordinaire d'icelle, conformément ausdites Lettres de Declaration. L'Arrest de la Chambre des Comptes du trentiéme Decembre dernier, sur la verification desdites Lettres : Conclusions du Procureur General du Roy : Et tout consideré, LA COVR, les Chambres assemblees, a ordonné & ordonne, que sur le reply desdites Lettres en forme d'Edict, sera mis, leu, publié & registré, oüy & ce consentant le Procureur General du Roy, & que le contenu en iceluy sera gardé & obserué fors & excepté pour la ville de Paris, & l'estenduë du ressort ordinaire d'icelle, conformément ausdites Lettres de Declaration de sa Majesté iointes audit Edict; & à la charge aussi que les pourueus desdits Offices d'Intendants particuliers & General, feront sermét en ladite Cour, & n'auront preseance qu'apres les Presidens & Lieutenans desdites Elections, & mesme seance dans lesdites Elections qu'apres celuy qui presidera, & que lesdits octrois ne pourront estre leuez qu'en vertu de Lettres bien & deuëment verifiees en ladite Cour en la maniére accoustumee. Fait à Paris en la Cour des Aydes le troisiesme de Feurier 1629.

Signé, DE LAISTRE

Collationné aux Originaux par moy Conseiller Secretaire du Roy & de ses Finances.

www.ingramcontent.com/pod-product-compliance
Lightning Source LLC
LaVergne TN
LVHW020453230826
846091LV00008BA/3187

* 9 7 8 2 3 2 9 4 9 8 9 5 9 *